LES

FUNÉRAILLES DE MARAC

LES

FUNÉRAILLES DE MARAC

Avant-Propos

AU LECTEUR

On se contente de hausser les épaules à certaines insultes faites à la raison : c'est la seule réponse qu'elles méritent.

Quelques Esprits-forts et Libres-penseurs de Sainte-Foy-la-Grande nous donnèrent, il y a peu de jours, le spectacle d'une de ces insultes au bon sens.

Jusqu'ici on n'avait répondu que par le mépris du silence.

Qu'un homme, en effet, par l'étude des sciences exactes et par l'habitude des démonstrations mathématiques, ait fini par fermer son esprit à toute preuve métaphysique et morale; qu'il soit allé jusqu'à nier l'existence personnelle de

Dieu, jusqu'à se jeter, tête baissée, dans l'abîme du Panthéisme, jusqu'à soutenir la thèse ridicule de la Métempsycose, et à prétendre qu'à ta mort, cher ami lecteur, ton âme, pour se purifier, passera dans le corps de quelque cheval, de quelque navet ou de quelque planète, c'est un phénomène étrange et bien propre à faire rougir la pauvre humanité. Toutefois, si cet homme concentre en lui-même ses savantes aberrations, s'il ne cherche pas à les faire rayonner autour de lui, on peut se contenter de le plaindre; on n'a rien à lui dire. Si même, aveugle ou obstiné jusqu'au bout, il s'est encore bercé à sa dernière heure de ses folles imaginations, s'il s'est piqué de mourir déiste, panthéiste, athée ou autre chose, quand Dieu l'a jugé, il ne nous reste, à nous, qu'à le couvrir d'une profonde et respectueuse pitié.

Ainsi a vécu, ainsi a voulu mourir l'homme que tu connais bien, cher lecteur, et dont le cercueil a servi de piédestal à quiconque a voulu nous lancer une insulte et un mépris. Certes, il avait bien le droit de vivre et de mourir comme il l'entendait; et sans l'éclat qui a suivi ses funérailles, je n'eusse jamais été tenté de protester ni contre sa vie ni contre sa mort.

Il ne faisait aucun bruit autour de lui, mais ses amis, moins sensés que lui, sans doute, n'ont pas eu le talent du silence. Que de bruit ils ont fait autour de sa tombe ! ils y sont tous venus, recteurs, bourgeois, professeurs, élèves, ministres, dévots, indévots, protestants, protestantes, tous avaient la larme à l'œil, tous auraient voulu parler, tous auraient volontiers profité de la circonstance pour donner leur petit coup de bec au bon sens et au catholicisme.

Au fond, il s'agissait bien moins de la personne du défunt que de ses principes antiphilosophiques et antireligieux. Et, à cet égard, n'a-t-il pas été déplorable de voir un ministre de la religion du Christ, un homme à qui des chrétiens confient l'éducation de leurs enfants, chrétiens eux aussi, n'a-t-il pas été déplorable, dis-je, de voir un tel homme s'associer à ce cortége, de l'entendre exalter et proposer à l'imitation de ses élèves une vie et surtout une mort où toute croyance et toute religion avaient été foulées aux pieds ?

Tu as sans doute lu, cher lecteur, les discours prononcés à cette occasion ; tu connais déjà les éloges insensés, les ridicules assertions qu'ils contiennent.

On a loué la vie de Marac, on a encore plus loué sa mort ; non-seulement il a su bien vivre, nous dit-on, mais de plus il a su bien mourir ; on ajoute qu'à son exemple il faut rester jusqu'au dernier soupir le défenseur de l'idée pour laquelle on a vécu.

Merveilleuse maxime! Il est beau, il est glorieux de mourir fidèle aux idées de toute la vie, fussent-elles absurdes, avilissantes et corruptrices! Que le Mahométan meure donc Mahométan, sous peine d'une défection ignominieuse! Que l'impie meure impie! l'incrédule, incrédule! le voluptueux et le débauché, voluptueux et débauché! Pourquoi pas, si l'impiété, l'incrédulité, la volupté, la débauche, ont été la conviction, l'idée de toute leur vie? Philosophie profonde! délicieuse morale! Ah! Missionnaires Européens, que ne laissez-vous donc mourir comme ils ont vécu les Chinois, les Gros-Ventres et les habitants d'Hono-Rourou? Allez! vous avez beau faire, vous ne portez chez ces peuples intéressant que la honte d'une défection aux idées de toute leur vie!

O Libres-Penseurs, que vous êtes aimables!

Mais écoute encore, cher ami lecteur. Tu connais Patachac, n'est-ce pas? Patachac le professeur. Eh bien! Patachac, qui a du sérieux, dit-on, Patachac s'est surpassé lui-même. — Patachac, en effet, s'était réservé, en sa qualité de professeur, de célébrer le génie méditatif de Marac.

« Marac, dit-il, Marac, après de longues et

« sérieuses méditations, était arrivé à la solution
« nette et précise des grands problèmes de la vie
« et de la mort ! » — Pauvre Marac, et cela
ne t'a pas empêché de mourir ! — « Marac, con-
« tinua Patachac, Marac, s'était donné tout en-
« tier à une Église nouvelle et supérieure, plus
« nombreuse même que toutes les églises offi·
« cielles, et dont il apercevait clairement le
« triomphe dans un avenir prochain. »

Quelle est cette Église ? où est son symbole ?
quelle est sa doctrine ? Sujet, à coup sûr, fort
intéressant.

Monsieur Patachac, excellent Monsieur Patachac, je vous en prie, veuillez enfin nous éclai-
rer, faites nous voir cette Église; ne vous conten-
tez pas toujours d'affirmer, ne vous obstinez pas
dans l'obscurité de vos harmonieuses périodes.
Votre Église, que personne ne connaît, pas même
peut-être vous, votre Église ne serait-elle pas
quelque société secrète, Monsieur Patachac ?

Mais ce n'est pas tout, cher ami lecteur. Tu
t'imagines peut-être que le judicieux et lumineux
Patachac s'est simplement contenté, pour nous
vexer, de ne pas nous faire connaître son Église ?
Allons donc ! simple que tu es ! il fallait autre
chose à la grande âme du grand Patachac. Monsieur Patachac a donc fait comme ce certain
animal du fabuliste qui s'en vint, lui aussi, lancer

une magnanime ruade au lion vieux et souffrant ;
de même, derrière toutes ses belles phrases,
Monsieur Patachac nous tenait en réserve un
puissant coup de talon : « Pauvres esprits, vains
échos de cymbales retentissantes, » a-t-il dit en
pinçant la lèvre et en haussant les épaules, et
le trait était à ton adresse, cher ami lecteur ca-
tholique, à la mienne, et à l'adresse de tous
ceux qui ont encore quelque foi en la vieille
religion de Jésus-Christ.

Certes, si ces paroles étaient tombées de plus
haut, elles auraient mérité quelque réponse ;
mais venant d'où elles viennent, on les cite
seulement pour mémoire.

En vérité, la pensée ne nous serait pas venue
d'élever la voix pour répondre à ces niaiseries,
si nos adversaires avaient su les enfermer dans
la tombe de leur ami. Mais non, ils ont cru,
sans doute, que ce serait faire tort à l'humanité
que de ne pas faire circuler de tant beaux discours : « Tu dois en toute justice livrer ces tira-
des à ceux qui n'ont pas eu le bonheur de les
entendre tomber de ta bouche éloquente. » Tel
était sans doute le cri de la conscience chez
Monsieur Patachac et consors. Ils ont donc es-
sayé de donner un air sérieux à cette comédie
ridicule et pitoyable ; ils y ont intéressé la presse
Bordelaise et même la presse Parisienne, et l'*Opi-*

nion nationale et la *Gironde* ont mis dehors leurs plus grands points d'exclamation et d'admiration en parlant de Marac. Bien plus, ils ont finement accusé notre silence, et volontiers ils s'en seraient fait une arme : et voilà pourquoi j'ai pris la plume.

J'ai cru qu'il était urgent de donner aux choses leur véritable physionomie, et je ne sais comment il s'est fait — car je ne suis pas poète, cher ami lecteur, — qu'à ce propos j'aie écrit les vers que tu vas lire.

A la fin de son oraison funèbre, le panégyriste de Marac, se repliant sans doute sur lui-même et se trouvant sujet à beaucoup de faiblesses, demandait à son ami la permission d'appuyer son cœur sur les miséricordes infinies de je ne sais quel dieu. De même, en relisant mes vers j'y ai trouvé bien des faiblesses, et je sens le besoin de m'appuyer sur ta bienveillance, cher ami lecteur, et de te rappeler que tu n'entends ici « qu'un esprit pauvre, que le vain écho de cymbales retentissantes. » Que si cette lecture te divertit quelque peu on ne manquera pas de dire que tu n'es, toi aussi, « qu'un esprit pauvre et que le vain écho, etc. » Mais que veux-tu? tu essayeras de t'en consoler en pensant que la majeure partie des hommes en est là, et qu'il vaut peut-être mieux ressembler au grand nombre, que d'avoir ce genre d'esprit réservé aux seuls Patachac, Malisse, Canus et Pingouin !

L'auteur est donc « Esprit pauvre. » Ne cherche pas son autre nom ; qu'importe ? C'est un de tes amis.

Le bruit que pourront faire ces vers lui reviendra ; et si on y répond il fait savoir à tous et à un chacun qu'il n'a pas encore mis sa plume au clou, et qu'il y a encore de l'encre dans son écritoire. Qu'on parle : il est là pour répondre, sinon en bons vers, du moins en une prose toujours très-intelligible

LES
FUNÉRAILLES

DE MARAC

I.

Je tremble en commençant; ma faiblesse succombe.
Ames, qui voyagez, prêtez-moi des accents
Qui soient dignes de vous, dignes de cette tombe
Où Patachac en pleurs fit fumer tant d'accents !

Il n'est plus ! C'en est fait : dans le cercueil repose
L'illustre défenseur de la métempsycose !
Marac, le grand Marac est là défiguré....
Que dis-je ? Non, la mort nous l'a transfiguré !
Marac était fort laid, Marac était fort maigre,
Et partant son humeur tournait parfois à l'aigre.
Mais comme, en transmigrant il doit se faire beau !
Il en conçut l'espoir aux leçons de Reyneau,
Dont la mine, le ton et le pur mysticisme
Le gagnèrent si bien, qu'en homme d'héroïsme,
Pour suivre ce grand maître il quitta pour toujours,
Son aimante moitié, le soleil de ses jours.

Que le temps s'assombrit ! que le ciel devint triste
En voyant expirer le métempsycosiste !
L'univers en pleura : Patachac en grand deuil,
Et mille autres, suivant le glorieux cercueil,
Mêlèrent à ses pleurs des larmes abondantes ;
Et même on entendit, dans l'atmosphère errantes,
Des âmes qui venaient de Mars ou d'Orion,
Sortaient d'un animal, d'un poireau, d'un oignon,
Et voltigeant autour du cortège visible
Lui formaient dans les airs un cortège invisible.

O cieux, étonnez-vous, et toi, pâlis, soleil !
Vous ne vîtes jamais un spectacle pareil,
Tout l'avenir est là, l'univers est en cause :
Honneur, respect et gloire à la métempsycose !

Le cortège s'avance, et, d'un commun accord
Les amis consternés s'entretiennent du mort.

« Il reviendra bientôt, — il l'a dit — sur la terre,
« Dans un corps d'animal ou bien dans un parterre :
« Il pérorait si bien sur la vie à venir !
« Même d'une autre vie il avait souvenir,
« Et s'il l'eût bien voulu, d'un effort de mémoire,
« De ses jours étoilés il nous eut fait l'histoire.
« Quel homme ! quel esprit ! sous son chef vigoureux
« Bouillonnaient du génie et l'ardeur et les feux ;
« Son regard fascinait ; doux et lent, son langage
« Annonçait le penseur et décelait le sage.
« Bientôt son regard d'aigle eut pénétré le Christ :
« C'était bien d'après lui, le plus sublime esprit,
« Qui fut jamais sur terre, et le plus beau génie :
« Mais nous en faire un Dieu !.. quelle sotte folie !
« Car Dieu même n'est pas !... alors il s'échauffait,

« Criait, tonnait, frappait, sa raison triomphait.
« Il n'est plus!...Cependant ne versons pas de larmes,
« La gloire de sa mort à pour nous trop de charmes.
« Tandis que nous livrons ton cadavre au tombeau,
« Ta grande âme ! ô Marac, par le sort le plus beau,
« Hier navet ou chou, maintenant fleur ou bête,
« Montera dans deux jours au grade de planète. »

Pendant tous ces discours, le cercueil triomphant
Sur d'illustres amis s'avance lentement.
Que le cortège est beau ! là, viennent à la file
Caragnac et Pingouin, gros bonnets de la ville,
Pourcignac, Gredinard, Maricaut et Cuchac,
Puis, une larme à l'œil, l'éloquent Cutorchac.
Mais voyez au brancard ce disciple fidèle,
Glorieux de porter la dépouille mortelle :
C'est Mars le Repenti, qui dans un Orphéon
De l'affreuse discorde a jeté le brandon.

C'est lui !... Mais non !... Si fait ! c'est bien lui !..
[Chevalzape,
Vous aussi sous le joug !.. Vous, nouvel Esculape,
Vous, docteur, vous unir à Boisbien l'assommeur,
A Boisbien, du pays le plus hardi buveur !
Je n'eusse pas voulu, contre votre habitude,
Vous voir marcher de pair avec la platitude :
Passez!.... Un peu plus loin, je vois se tortiller
Chapeau-bas, frétillant, l'aimable Laitriller :
Il salue, il sourit, s'incline se replie,
Et s'exhale en soupirs sur le défunt génie.

Voici Trotte-Menu, gentil nain, bel enfant,
Qui malgré sa laideur veut faire le galant.
Écartez-vous, Messieurs, et place au nez immense

Qui comme un pic hardi dans l'espace s'élance.
—Pourquoi riez-vous donc?—C'est Monsieur Choderit,
Le Pape Choderit, tout penaud, tout contrit,
Depuis qu'il est en deuil : larmoyante figure,
Il s'avance flanqué de la magistrature.

Holà ! Malisse, chut ! Ses bambins affligés
Imitent son silence, autour de lui rangés :
Ah ! comme ils sont touchés de suivre le cortège !
Eux, qu'on vit si souvent, dans les cours du collége,
Pour répondre aux leçons de Malisse grondant,
Lui faire un pan de nez et s'enfuir en riant,
L'œil morne maintenant, et la tête baissée,
Semblent se conformer à sa triste pensée.

Voyez passer Canus... Qu'est-ce donc que Canus ?
Sur Canus, cher ami, ne m'en demande plus.
Et qui ne le connaît, ce terrible et rare homme ?
C'est Canus, voilà tout ; il suffit qu'on le nomme ;
Au rebours du bon sens esprit original,
Et de tous les Curés, ennemi sans égal.
Regarde à son côté cette forme un peu rustre :
C'est du pauvre défunt le successeur illustre ;
C'est lui, qui, trop heureux, à son dernier soupir
A pu le contempler et le voir s'endormir ;
C'est lui qui de Marac, à ce moment extrême,
Reçut le testament, la volonté suprême.

« Je meurs, disait Marac, de l'homme c'est le sort ;
« Mais je suis pur et saint ; je ne crains pas la mort.
« Oui, comme j'ai vécu, je mourrai sans faiblesse ;
« Tu suivras, si tu peux, l'exemple que je laisse.
« Que mon enterrement simple et sans appareil
« Dise bien haut à tous que j'étais sans pareil.

«Je te laisse un dépôt : sois lui toujours fidèle.

«Que je crains pour sa foi ! veille, veille sur elle !

«Par un fécond travail, j'ai récréé son cœur,

« Je l'ai purifié, j'en ai chassé l'erreur :

« Elle est digne de toi ; le souvenir du Père

« Resserrera vos nœuds, et je vivrai, j'espère,

«Pour vous revoir ailleurs, non pas au sein du Dieu

• Que forge le chrétien, mais dans un autre lieu,

«Inconnu, très-certain, où l'âme se repose

« Après les mille états de la Métempsycose. »

Trop heureux Patachac ! à ce dernier accent,
Il baigne de ses pleurs la couche du mourant.
L'esprit de Patachac est du premier calibre,
Point dévot, nébuleux, mais élevé, mais libre ;
Il voit avec pitié le monde s'abêtir ;
Toutefois de l'abîme il le fera sortir :
Marac le lui promit, et dans son officine
Il prépare aux mortels une grande doctrine :

II.

Ils arrivent enfin sur les bords du tombeau,
Et les pieux porteurs déposent leur fardeau.
En essuyant ses pleurs, l'élite de la ville
Se range en cercle autour de ce funèbre asile :
Tout se tait, tout est morne, et la nature en deuil,
Leur semble se pencher pour baiser le cercueil.
Patachac attendri vers la fosse s'avance ;
La troupe à son aspect redouble de silence :
Ta vue, ô Patachac, assoupit les douleurs,
Fait taire les regrets et palpiter les cœurs.
N'est-tu pas du défunt la vivante copie ?...

C'est l'heure !.. il s'abandonne au souffle du génie,
Tel qu'on voyait jadis la Pythonisse en feu,
Prédire l'avenir sur le trépied du Dieu.

« O Ciel, commence-t-il, ô Ciel prête l'oreille !
« Qu'aux accents de ma voix la terre se réveille ;
« Que l'univers se taise et m'écoute parler !
« Je sens un feu divin qui vient me révéler
« Un nouvel avenir, une brillante aurore
« Que sur ce grand tombeau déjà je vois éclore !

« O Marac, oui, c'est toi ! Je te sens, je te vois :
« Soutiens ton Patachac, viens enflammer sa voix !

« Il est donc vrai, Messieurs! cette fosse entr'ouverte
« Nous dit éloquemment l'irréparable perte.
« Ce n'est pas seulement le pays, la cité,
« Qui le doivent pleurer, mais c'est l'humanité !
« Car de notre Marac, la science féconde
« Comme un brillant soleil, rayonnait sur le monde :
« Ah ! mortels, ce soleil, à la tombe conduit,
« Me fait craindre pour vous une éternelle nuit !
« Soyons fiers de ce mort qu'illustra le génie,
« Et ne le plaignons pas : il est digne d'envie.
« Oh ! qui me donnera d'assez tendres accents
« Pour dire ses vertus, célébrer ses talents !

« Corneille en eût pali, Racine eût dû se taire :
« Car Marac fit les vers aussi bien que Voltaire ;
« Souple et grand comme lui, fécond, original,
« A Voltaire, Marac donna seul un rival.

« Et vous, ô douce langue et de Laure et de Dante,
« Vous étiez pour son cœur une note enivrante ;

« Son âme savourait vos charmes à longs traits
« Et vos beautés pour lui n'avaient plus de secrets.

   « Mais tout le vaste champ de la littérature
« Ne put rassasier son avide nature :
« Et chimie et physique et talent médical,
« Arts et métiers, calcul infinitésimal,
« Il voulut tout savoir : sa puissante cervelle
« Travaillait nuit et jour, hélas ! par tant de zèle,
« Bientôt l'épée usa le cuir de son fourreau,
« Et de notre Marac ne nous fit qu'un fuseau !

   « Et sa bonté, Messieurs ! cette aimante nature
« Recherchait pour l'aimer l'aimable créature,
« L'insecte, le chou-fleur et l'astre radieux.
« Il voyait, lui, Marac, des âmes en tous lieux ;
« Il savait que l'esprit ici ne peut descendre
« Comme ce corps flétri qui bientôt sera cendre,
« Mais qu'il vole, à la mort, vers le Grand Inconnu
« D'où lui-même, Marac, se disait revenu.

   « C'est après soixante ans de sérieuses pensées,
« Qu'il avait obtenu ces heureuses honnées
« Sur la vie et la mort. A son dernier soupir
« Il ne s'est point menti ; car, avant de mourir,
« Bravant les préjugés par un effort suprême,
« Repoussant et ministre, et prêtre, et Dieu lui-même,
« Il est demeuré fort. En ces jours où j'entends
« Tant de faibles esprits, de pauvres ignorants,
« Comme de vils troupeaux se traîner dans l'ornière,
« Jetter encore au ciel leur stupide prière,
« Et répéter sans cesse, aveugles instruments,
« Des mots qu'on n'entend pas, de sots raisonnements,
« Marac, je te salue et je te rends hommage

« Pour les avoir vaincus ! et je vois d'âge en âge
« Grandir et triompher ton mystique drapeau,
« Qu'en finissant je veux planter sur ce tombeau ! »

La Pythie avait dit, et la Métempsycose
Avait sur son trépied reçu l'apothéose.
Oui, Marac était Dieu : Patachac l'avait dit ;
Or, Patachac sait tout, il a beaucoup d'esprit.
On trépigne de joie, on pleure de tendresse ;
Le crâne de Canus, en signe d'allégresse,
Se colore et rougit ; Canus applaudirait,
Si du triste cercueil l'appareil le souffrait.

Triomphe, ô Patachac ! mais prend garde à l'envie
Du bon homme Bon-Sens : il ne voit que folie
Dans ton discours : « qui donc, dit-il, aurait pensé,
« Qu'on peut prendre au sérieux ce mélange insensé
« De pathos et de farce ! Et quelle folle tête
« A pu s'imaginer que je suis assez bête
« Pour ne pas condamner ce qu'admire Canus ?
« C'est faire du Bon-Sens le plus étrange abus.
« Eh ! qui n'a pas connu celui qu'on nous présente
« Tout comme un demi-Dieu ? L'audace est impudente !
« Aux morts respect et deuil ! mais..... les diviniser,
« Les mettre au firmament et les planétiser,
« Ou les croire des choux ! O Scribes, en arrière !
« Laissez ce corps en paix dormir dans sa poussière !
« Nous l'avons tous connu, trop bien connu, ce mort,
« Pour en faire un héros destiné par le sort
« A réformer le monde ! Un homme de génie !
« Comment l'a-t-il montré, dites-nous, je vous prie ?
« Vantez, si vous voulez, son érudition,
« Mais ne nous parlez pas de sa dévotion..

« Je cherche en vain partout cette Église nouvelle,
« Qui réserve à Marac une gloire immortelle
« Chez la postérité : je cherche et ne vois pas
« Cet avenir brillant qu'annonce son trépas ;
« Ce culte déjà grand, cette charmante aurore
« Qui vient comme un soleil sur le vieux monde éclore:
« Je ne vois, n'entends rien ! Patachac, grand penseur,
« Prête-moi ta lumière et chasse mon erreur ! »

Mais qu'est-ce, le Bon-Sens? Hélas ! fort peu de chose
Pour ces gens entêtés de la Métempsycose.
Le bon sens ! le bon sens ! absurde et folle loi !
Jamais les Patachac n'en connurent l'emploi ....

Au front de Patachac la sueur ruisselante
Témoignait des efforts de son âme éloquente ;
Sur la foule courait un long frémissement,
Quand tout-à-coup dans l'air un doux mugissement
Se fait entendre : puis, au-dessus de la bière,
On voit au même instant s'épaissir l'atmosphère,
En cornes s'allonger, s'arrondir en museau,
Et se changer enfin en tête de taureau.
De Marac, ô prodige ! elle a l'œil et la mine,
C'est son regard, son air, son ton et sa voix fine
« O Patachac, dit-il, je suis content de toi !
« Je reconnais ton cœur, il partage ma foi.
« Ma cendre a tressailli, je vis dans ta mémoire ;
« De ma vie et ma mort tu rediras l'histoire
« Aux siècles étonnés qui n'auront plus de Dieu.
« Je suis taureau ; bientôt j'irai chez Mars. Adieu ! »

Il dit et disparaît. Patachac sent son âme
S'en aller de tendresse : il succombe, il se pâme.
On s'empresse, on l'entoure, et chacun en pleurant

Mêle dans ses regrets le mort et le mourant.
Mais les pleurs de Canus, en mouillant son visage,
Bientôt du sentiment lui redonnent l'usage ;
Il soupire, s'étend, sourit, se frotte l'œil,
Et chasse loin des cœurs l'effroi d'un double deuil.

Quelques instants après profitant du silence
Malisse l'Aristo sur le tertre s'avance :

« Après ces visions, ce discours érudit,
« Fait le Pédant, je dois me taire : tout est dit.
« Ainsi donc maintenant je ne prends la parole
« Que pour m'associer, ainsi que mon école,
« Aux pleurs de Patachac, à sa sainte douleur :
« Je veux aussi donner au défunt professeur
« Une larme ! Jamais, non jamais ta mémoire
« Ne périra chez nous dont tu faisais la gloire !
« Ah ! plutôt dans les airs on verra le lion
« Brouter inoffensif à coté du mouton,
« Les poissons à cheval courir armés de piques,
« Luther de quelque Saint vénérer les reliques !
« Il est vrai que Marac aimait la liberté,
« Et que ne croyant pas à la divinité,
« Il aurait pu parfois instruire ses élèves
« Dans la métempsycose et ses mille autres rêves,
« Leur dire que le monde est l'effet du hasard,
« Que ni Diable ni Dieu n'existent nulle part :
« J'y voyais un danger ; car je crois très-utile
« De prêcher Jésus-Christ et son saint Evangile ;
« Mais je le dis bien haut : J'adore la raison,
« C'est au savoir tout seul que j'ouvre ma maison ;
« A quiconque chez moi fait preuve de science,
« De croire ce qu'il veut je laisse la licen

« Je t'en prends à témoin, ô douloureux cercueil,
« Qui m'enlèves Marac, ma gloire et mon orgueil !
« Pour vous, mes chers enfants, élèves de tout âge
« Gravez dans votre esprit la mort de ce grand sage :
« Ainsi qu'il a vécu Marac a trépassé,
« Il est demeuré lui ! renier son passé,
« Disait-il en mourant, ah ! c'est une infâmie !
« Enfants, n'oubliez pas cette belle agonie :
« Vivez à son exemple et sachez bien mourir !
« Oui, Messieurs, méritons comme lui de finir. »

Emu, presqu'éloquent, d'une voix attendrie,
Malisse avait mis fin à la cérémonie.
Lors, chacun s'en alla, comme il était venu,
Pleurant le grand Marac, exaltant sa vertu.

———

Dispersez-vous, Penseurs ! Laissez la pourriture
Dans ce cadavre aux vers préparer la pâture !
De ce linceuil muet ne levez pas le pli !
Laissez sur ce tombeau, laissez passer l'oubli :
C'est bien assez qu'à Dieu l'oubli soit impossible !
Le corps de votre frère est là, froid, insensible
Aux plaisirs, aux douleurs : mais son âme ? mais lui ?...
Ah ! loin de vous, peut-être il subit aujourd'hui
Du Dieu qu'il renia la justice sévère,
Et boit en blasphémant le vin de sa colère.......
Du jugement de Dieu respectons le secret :
Mais, vous, de sa fureur n'aiguisez pas le trait ;
N'invoquez plus le nom de cette âme plaintive
Pour ravir à l'enfant sa voix simple et naïve,

A l'homme, tout espoir, à l'univers, son Dieu :
Elle pleure du sang à ce terrible jeu !
Du moins, si vous voulez poursuivre vos blasphêmes,
Faire la guerre au ciel, braver ses anathêmes,
Partez auparavant, montez à ces hauteurs
Où d'un Dieu courroucé s'exercent les rigueurs ;
Désarmez cette main, enchaînez ce tonnerre,
Arrachez à ses feux l'âme de votre frère,
Puis reprenez le cours de vos iniquités !
Mais jusque là, silence ! à ces impiétés
Où vous mêlez l'ami dont vous pleurez l'absence,
Dieu redouble sur lui les coups de sa vengeance ;
Il lui fait expier ces semences d'erreur,
Ces doutes, qu'à son nom, vous jetez dans les cœurs.
Et puis il vous attend ! Semez la calomnie,
Allez, prêchez, mentez, ne vous contraignez plus,
S'il vous gêne, posez tout masque de vertus,
Foulez la croix aux pieds, brûlez le sanctuaire,
Attaquez-vous à Dieu, défiez sa colère,
Et prodiguez l'outrage à sa divinité :
Il laissera tout faire : Il a l'éternité !

Bazas. — Imprimerie F. CONSTANT.